Mein Bewusstseinsweg
Entwicklungstagebuch zum Sonnenkreis

*Dieses Buch gehört:*

AF571044

Wenn gefunden bitte Kontakt aufnehmen

*»Wenn du die Welt verändern willst, nimm einen Stift und schreib.«*

*Martin Luther*


Herstellung und Verlag: BoD – Books on Demand, Norderstedt
ISBN: 978-3-7526-8385-1

*„Du selbst musst Sonne sein."*

*(Angelus Silesius)*

Der Sonnenkreis läd uns ein, uns selbst auf die Spur zu kommen, in eine wirkliche Freiheit hinein zu finden und in ein tiefes Erkennen und Erfahren zu gehen. Dieser Weg ist uralt und brandneu. Es ist ein Weg, dessen Ziel es ist, ihn zu gehen. Und so gehen wir diesen Weg, um unser innerstes Wesen, unser Sein zu erfahren.

Mögen wir alle mehr und mehr „Werdende" werden, gemeinsam auf dem Weg selbst eine Sonne werden und in unserem eignen Leuchten sonnenhaft erstrahlen.

*„In jedem Menschen ist Sonne -*
*man muß sie nur zum Leuchten bringen."*

*(Sokrates)*

Jeden Morgen geht die Sonne auf und mit ihr starten wir in unseren Tag. Und jeder Tag ist wie ein Neuanfang, ja, eigentlich jeder Moment. Es ist, als ob wir die Seite eines Buches umblättern und eine neue unbeschriebene, weiße Seite aufschlagen würden, die darauf wartet, von uns beschrieben zu werden.

Die Spur, die wir auf diesen leeren Seiten hinterlassen, ist einzigartig! Sie ist durch niemanden kopierbar. Auch wir selbst können diesen einen Augenblick nicht wiederholen. In ihm liegt das Geheimnis, dass jeder Mensch, jeder Moment einmalig ist. Ja, jeder von uns ist einzigartig, ist seine ganz eigene Art. Nur du kannst deine Spur legen.

*Fülle die leeren Seiten in diesem Entwicklungs-Tagebuch mit deiner einmaligen Spur – mit deinen Erlebnissen, Gedanken und Erfahrungen auf dem Bewusstseinsweg ... lass die Sonne aufgehen!*

*„Ich lebe mein Leben in wachsenden Ringen,*
*die sich über die Dinge zieh'n.*
*Ich werde den letzten vielleicht nicht vollbringen,*
*aber versuchen will ich ihn.*
*Ich kreise um Gott, um den uralten Turm,*
*und ich kreise jahrtausendelang;*
*und ich weiß noch nicht: bin ich ein Falke, ein Sturm*
*oder ein großer Gesang."*

*(Rainer Maria Rilke)*

*„Alles in eurem Leben führt euch immer zu diesem Punkt zurück: dem Moment, in dem ihr entscheidet, euch weiterzuentwickeln. Und alles in diesem Universum arbeitet mit daran, dass es gelingt, euch selbst in eurer glorreichsten Form zu verwirklichen.“*

*(Corinna Stockhausen)*

*„Wenn du dich umschaust und alles ist dunkel,*
*schau noch einmal,*
*vielleicht bist du das Licht."*

*(Dschalal ad-Din Muhammad Rumi)*

*„Das Herz ist der Schlüssel der Welt und des Lebens."*

*(Novalis)*

*„Man muss den Dingen die eigene, stille, ungestörte Entwicklung lassen, die tief von innen kommt und durch nichts gedrängt oder beschleunigt werden kann, alles ist austragen – und dann gebären... Reifen wie der Baum, der seine Säfte nicht drängt und getrost in den Stürmen des Frühlings steht, ohne Angst,*
*dass dahinter kein Sommer kommen könnte.*
*Er kommt doch! Aber er kommt nur zu den Geduldigen, die da sind, als ob die Ewigkeit vor ihnen läge, so sorglos, still und weit...*
*Man muss Geduld haben mit dem Ungelösten im Herzen,*
*und versuchen, die Fragen selber lieb zu haben, wie verschlossene Stuben, und wie Bücher, die in einer sehr fremden Sprache geschrieben sind. Es handelt sich darum, alles zu leben.*
*Wenn man die Fragen lebt, lebt man vielleicht allmählich,*
*ohne es zu merken, eines fremden Tages in die Antworten hinein.“*

*(Rainer Maria Rilke)*

*„Leben in der Liebe zum Handeln*
*und Lebenlassen im Verständnis des fremden Wollens*
*ist die Grundmaxime des freien Menschen."*

*(Rudolf Steiner)*

*„Es gibt zwei Arten, sein Leben zu leben: entweder so,
als wäre nichts ein Wunder oder so, als wäre alles eines."*

*(Albert Einstein)*

*„Wenn man trübes Wasser in Ruhe lässt, wird es wieder klar.
Gönne dir einen Augenblick der Ruhe und du begreifst,
wie närrisch du herum gehastet bist. Lerne zu schweigen
und du merkst, dass du viel zu viel geredet hast.
Sei gütig und du siehst ein,
dass dein Urteil über andere allzu hart war."*

*(Laotse)*

*„Zur Welt suchen wir den Entwurf –
dieser Entwurf sind wir selbst."*

*(Novalis)*

*„Vielleicht sind alle Drachen unseres Lebens Prinzessinnen,
die nur darauf warten, uns einmal schön und mutig zu sehen.
Vielleicht ist alles Schreckliche im Grunde das Hilflose,
das von uns Hilfe will."*

*(Rainer Maria Rilke)*

*„Es ist besser, sich selbst zu erobern,*
*als tausend Schlachten zu gewinnen.*
*Dann gehört Dir der Sieg!*
*Er kann Dir nicht genommen werden,*
*nicht von Engeln oder Dämonen,*
*von Himmel und Hölle."*

*(Buddha)*

*„Eine Wunde ist ein Ort, über den das Licht in Dich eindringt."*

*(Dschalal ad-Din Muhammad Rumi)*

*„Das Geheimnis der Veränderung ist,
alle Energie nicht auf die Bekämpfung des Alten zu legen,
sondern auf den Aufbau des Neuen."*

*(Sokrates)*

*„Wer andere kennt, ist klug. Wer sich selbst kennt, ist weise."*

*(Laotse)*

*„Alles Wachsen ist ein Sterben.*
*Jedes Werden ein Vergehen.*
*Alles Lassen ein Erleben.*
*Jeder Tod ein Auferstehen."*

*(Rabīndranāth Ṭhākur)*

*„Mangel an Wahrheit – das ist der einzige Mangel der Welt."*

*(Satprem)*

*„Und dann inmitten dieser tiefen Stille*
*wird das Geheimnisvolle sich ereignen, dir kündend,*
*dass der Weg gefunden ist."*

*(Mabel Collins)*

*„Unserer inneren Stille steht eine Kraft zur Seite. Wenn wir, anstatt auf die uns ereilende Schwingung anzusprechen, in einer vollkommenen inneren Reglosigkeit verharren, werden wir sehen, dass diese Reglosigkeit die Schwingung auflöst –*
*es ist, als wäre man in ein Schneefeld eingebettet,*
*das alle Stöße auffängt und zunichtemacht.“*

*(Satprem)*

*„Die höchste Tugend ist die Liebe, diese umfasst alle anderen Tugenden. Aber zugleich ist dieses Wort als Begriff am allerschwersten zu fassen. Es umfasst schließlich den Sinn und die Bedeutung der Erde und damit die höchste Aufgabe, die der Mensch sich stellen kann."*

(Mieke Mosmüller)

*„Bald bin ich licht, bald bin ich trüb,*
*bald hart, bald weich, dann bös, dann gut.*
*Bin Sonn und Vogel, Staub und Wind,*
*so Mond als Kerze, so Strom wie Glut,*
*bin arger Geist, bin Engelkind -*
*Alles, alles ist gut."*

*(Dschalal ad-Din Muhammad Rumi)*

*„Es gibt so vieles Schöne, Gute, Wahre;*
*wie bin ich dankbar, dass ich Mensch sein darf*
*und immer Neues solcher Art erfahre!“*

*(Christian Morgenstern)*

# DER SONNENKREIS

Die Sonne geht auf
Zwischen Himmel und Erde – Bin ich
Ich öffne die Fenster
Und schaue mich um
Feuer und Wasser
Ich nehme, was ich brauche und mische es
Es ist genug für alle da
Und ein kleiner Rest für die Blumen
Der Lotus erblüht
Ich umarme meinen Tiger
Und kehre ganz zu mir zurück
In Achtung und Dankbarkeit mir und der Welt

*(Taoistischer Morgengruß)*

## Mein persönliches Unalome

# Bewegungsfolge: Der Sonnenkreis

Die Sonne geht auf

Zwischen Himmel und Erde – Bin ich

Ich öffne die Fenster

Und schaue mich um

Feuer und Wasser

Ich nehme, was ich brauche und mische es

Es ist genug für alle da

Und ein kleiner Rest für die Blumen

Der Lotus erblüht

Ich umarme meinen Tiger

Und kehre ganz zu mir zurück

In Achtung und Dankbarkeit mir und der Welt

„Der Sonnenkreis – den Bewusstseinsweg gehen"
Bücher, Links & Kontakt

---

Dieses Entwicklungs-Tagebuch ist eine Begleitung zu den Seminaren und dem Buch „Der Sonnenkreis – den Bewusstseinsweg gehen". Auf der Webseite **www.sonnenkreis.info** findest du vertiefende Beiträge, Videos zum Sonnenkreis, sowie Hinweise zu Kursen, Seminaren, Ausbildungen und Einzelbegleitung rund um den Sonnenkreis und den Bewusstseinsweg.

**Buch: „Der Sonnenkreis – den Bewusstseinsweg gehen"** ausführliche Ausgabe mit Übungen, Impulsen, Meditationen, Selbst-Erforschungen und der Beschreibung der Bewegungsfolge (ISBN: 978-3-7519-0840-5).

**Buch: „Der Sonnenkreis – den Bewusstseinsweg gehen"** gekürzten Ausgabe, die den Schwerpunkt bewusst auf den inneren Weisheitsweg legt (ISBN: ISBN: 978-3-7526-5797-5).

*„Was im Ton übereinstimmt, schwingt miteinander.*
*Was verwandt ist im Innersten, das sucht einander."*

*(I Ging – Buch der Wandlungen)*